1. F 4334.
I.

CORRESPONDANCE

ENTRE

M. GRASLIN, de l'Académie économique
de S. Pétersbourg, Auteur de l'*Essai
Analytique sur la Richesse & sur
l'Impôt.*

E T

M. l'Abbé BAUDEAU, Auteur des *Ephémérides
du Citoyen.*

SUR un des Principes fondamentaux de la Doctrine
des soi-disants Philosophes Économistes.

A LONDRES;

Et se vend à PARIS,

Chez ONFROY, Libraire, quai des Augustins,
au Lys d'or.

M. DCC. LXXVII.

CORRESPONDANCE

Entre M. GRASLIN,

Et M. l'Abbé BAUDEAU.

PREMIERE LETTRE

DE M. GRASLIN

Aux Auteurs de la GAZETTE DU COMMERCE.

MESSIEURS,

Après avoir mis la derniere main à un Ouvrage (1), dans lequel je me suis proposé de développer quelques - uns des principes élémentaires de la science économique , je viens de lire celui qui a pour titre, *l'Ordre naturel des Sociétés politiques.* Si l'impreſſion du mien eût été moins avancée, je

____

(1) *Eſſai analytique ſur la richeſſe & ſur l'impôt* , qui ſe trouve chez *Onfroy*, Libraire , quai des Auguſtins, au Lys d'or.

A ij

n'aurois pas manqué de revenir encore fur les erreurs que j'ai combattues , & que l'Auteur a repro-
duites avec beaucoup d'art , & fous des couleurs
féduifantes ; mais je n'ai pu que jetter après coup
quelques réflexions fur cet Ouvrage, dans un Aver-
tiflement.

Comme j'ignore le temps précis où je pourrai rendre public celui que je vous annonce , & , comme
on ne fauroit trop fe hâter de s'oppofer aux progrès
d'une erreur dangereufe , je vous prie , Meffieurs ,
d'inférer dans votre Gazette l'obfervation fuivan-
te , fur un des fophifmes les plus déliés de cette
doctrine.

Voici comment s'explique l'Auteur , *tome 2 ,*
pag. 403 , pour prouver que l'induftrie n'ajoute
rien aux valeurs des matieres premieres.

» Un Tifferand achete pour 150 liv. de fubfif-
» tances & de vêtements , & pour 50 liv. de lin
» qu'il revend en toile 200 livres , fomme égale
» à celle de fa dépenfe. Cet Ouvrier , dit-on ,
» quadruple ainfi la valeur premiere du lin ; point
» du tout : il ne fait que joindre à cette valeur
» premiere une valeur étrangere , qui eft celle de
» toutes les chofes qu'il a confommées *néceffaire-*
» *ment.* Ces deux valeurs ainfi cumulées forment
» alors , non la valeur du lin , car il n'exifte plus ,
» mais ce que nous pouvons nommer le *prix nécef-*
» *faire* de la toile ; prix , qui par ce moyen repré-

» ſente , 1º. La valeur de 50 livres en lin , 2º.
» celle de 150 livres en autres productions con-
» ſommées.

Cette maniere de raiſonner paroîtra d'autant
plus impoſante à la plupart des Lecteurs , qu'elle
eſt ſoutenue d'un calcul ſimple & précis , & qu'on
pourroit prendre pour une ſorte de démonſtration ,
ſi l'on admettoit les *données* ſur leſquelles l'Auteur
fonde ſon paralogiſme. On ſait que c'eſt à la fa-
veur de ces calculs , qui n'ont pour baſe que des
idées ſyſtématiques & imaginaires, que les partiſans de la nouvelle doctrine dérobent la foibleſſe
de leurs preuves ; mais voyons ſur quel principe eſt
fondé celui qu'on nous préſente dans le paſſage
que j'ai cité.

Le lin n'exiſte plus : à la bonne heure ; mais il
exiſte en ſa place une toile, qui, de l'aveu de l'Auteur lui-même , a une valeur de 200 livres, valeur
quadruple de celle qu'avoit le lin. Cette valeur ,
dit-il , ne fait que repréſenter , 1º. la valeur de
50 livres en lin, 2º. celle de 150 livres en productions conſommées : j'ignore ce que l'Auteur en-
tend par cette repréſentation : les productions qui
ont été conſommées par le Tiſſerand , n'ont elles pas
rempli leur fonction naturelle & unique , puiſ-
qu'elles ont été employées à la ſubſiſtance d'un
homme , d'un citoyen , & d'un citoyen utile ? Quelle
autre deſtination auroit-on pu leur aſſigner ? La va-

leur de ces productions n'est donc pas une valeur
qui ait été perdue & remplacée par une autre.

De ce que l'Ouvrier a consommé une valeur de
150 livres , & de ce que le travail de cet Ouvrier ,
qui a transformé le lin en toile , a produit une
autre valeur de 150 livres, autrement a augmenté
de 150 livres la valeur du lin , qui sera consommé à
son tour, on n'en peut conclure autre chose , si-
non qu'il a existé deux valeurs très-distinctes l'une
de l'autre, chacune de 150 liv. & dont une est le
fruit du travail du Tisserand.

L'Auteur, plein du nouveau système, n'a vu ici
uniquement que la valeur du produit net du sol ,
ou l'intérêt des seuls Propriétaires des terres , qui ,
en effet , n'est peut-être pas augmenté ; parce que
ceux-ci n'ont reçu , en échange de leur production,
qu'une chose d'égale valeur; savoir , la forme donnée au lin par le Tisserand. Mais , s'il avoit voulu
étendre ses regards sur le reste des hommes , il
se feroit convaincu que , dans l'exemple qu'il rapporte , il y a eu double richesse & double jouissance pour la masse des hommes , à moins qu'il
veuille ne pas mettre le Tisserand au rang des hommes. En effet , si au lieu du travail des hommes , on
avoit employé celui des chevaux à la fabrication de
quelque objet de jouissance , & que la dépense des
productions consommées par ces chevaux eût égalé
la valeur donnée à la matiere brute , par leur tra-

vail : c'eſt alors qu'on pourroit regarder la valeur des productions conſommées comme perdue ; & celle de la choſe produite par le moyen de ces animaux, uniquement comme un remplacement de ces productions. C'eſt alors que la valeur de la choſe manufacturée ne feroit que repréſenter celle des productions conſommées.

En voilà aſſez pour faire voir combien l'opinion de l'Auteur de l'*Ordre naturel des Sociétés politiques* ſur l'induſtrie, eſt fauſſe & pernicieuſe. Mais que penſer à préſent de la maniere dont cet Auteur annonce les vérités nouvelles dont il vient nous faire part ſur cette importante matiere ?

» Il eſt reçu par-tout, comme article de foi ;
» que l'induſtrie donne des produits & de très
» grands produits ; que c'eſt elle qui enrichit les
» Nations, par la maniere dont elle augmente les
» valeurs vénales des matieres premieres. Cette
» erreur a coûté bien cher à l'humanité : combien
» de valeurs réelles, combien d'hommes ſacrifiés
» à ce préjugé !

Combien ne doit-on pas être en garde contre le ton dogmatique avec lequel la plupart des Partiſans de cette nouvelle doctrine avancent les erreurs les moins ſoutenables !

A iv

DISSERTATION

DE M. L'ABBÉ BAUDEAU,

En réponſe à la Lettre précédente.

Nous avions annoncé que les eſprits ardents ſeroient tentés de critiquer le bel Ouvrage de M. de la Riviere , ſans ſe donner la peine de le lire & de l'entendre ; & nous les avions avertis de craindre le *déshonneur* attaché à une critique indiſcrete. M. G** qui ſe vante de ne pas redouter cet anathême du déshonneur, a mis dans la Cazette du Commerce une Lettre , par laquelle il prétend combattre un des *ſophiſmes* les plus déliés de la *doɛ̄trine* adoptée par M. de la Riviere.

Cet Ecrivain s'annonce comme un adverſaire déclaré de la *ſcience* , & il mérite en effet, par ſa maniere d'écrire & de critiquer, une place diſtinguée parmi les Auteurs *anti-économiſles.*

Ne croiroit-on pas, en liſant la Lettre de M. G* *, 1°. que M. de la Riviere a voulu prouver , dans l'endroit prétendu critiqué, que *l'induſtrie n'ajoute rien à la valeur des matieres premieres ;* 2°. que M. de la Riviere n'a pas obſervé « que les productions conſommées par le Tiſſerand » ont rempli leurs fonctions naturelles, étant employées à la » ſubſiſtance d'un homme » ; 3°. qu'il a trouvé mauvais que cet homme ait gagné ſa ſubſiſtance, en donnant au lin la forme d'une belle & bonne toile ?

Eh bien ! il n'y a pas un mot de tout cela dans l'endroit indiqué ; & , pour en convaincre, il nous ſuffit de tranſcrire le commencement du Chapitre XLIII de *l'Ordre naturel & eſſentiel des Sociétés politiques*, dont M. G** fait ſemblant de critiquer la Doɛ̄trine.

CHAPITRE XLIII.

*L'induſtrie n'eſt nullement producīive : démonſtration
de cette vérité.*

»Qu'on me permette maintenant de revenir ſur quelques
» propoſitions ſommaires que je crains de n'avoir pas ſuffi-
» ſamment démontrées , & qui d'ailleurs ſont celles dont les
» hommes paroiſſent être les plus éloignés. J'ai dit qu'une
» valeur de 20 millions en ouvrage de l'induſtrie n'étoit que
» repréſenrative d'une valeur égale en productions conſom-
» mées ; & qu'une Nation qui vendroit ſes ouvrages aux
» étrangers , n'en étoit pas plus riche que ſi elle leur eût
» vendu pour 20 millions de productions en nature , parce
» que ces 20 millions en ouvrage lui coûtent à elle-même 20
» millions en productions. Il ne faut pas entendre par cette
» façon de parler , qu'après ſon travail , l'induſtrie vous re-
» vend pour le même prix la même quantité de matieres pre-
» mieres que vous lui avez vendues : elle vous revend bien
» *pour le même prix,* mais non pas *la même quantité* ; car elle
» a prélevé ſur cette quantité tout ce qui eſt néceſſaire aux
» conſommations de ſes ouvrages & de ſes Ouvriers.

»Un Tiſſerand achete pour 150 francs de ſubſiſtances,
» de vêtements, & pour 50 francs de lin qu'il vous revend en
» toile 200 francs, ſomme égale à celle de ſa dépenſe. Cet
» Ouvrier, dit-on, quadruple ainſi la valeur premiere du
» lin ; point du tout, il ne fait que joindre a cette valeur
» premiere une valeur étrangere , qui eſt celle de toutes les
» choſes qu'il a conſommées *néceſſairement.* Ces deux valeurs
» ainſi cumulées forment alors , non la valeur du lin , car il
» n'exiſte plus , mais ce que nous pouvons nommer *le prix*
» *néceſſaire* de la toile ; prix qui par ce moyen repréſente ,
» 1º. la valeur de 50 francs en lin , 2º. celle de 150 francs en
» autres productions conſommées.

» Telle eſt dans toute ſa ſimplicité la ſolution du problême
» de la multiplication des valeurs par les travaux de l'induſ-
» trie : *elle ajoute à la premiere valeur des matieres qu'elle a*
» *manufacturées , & qui ſont à conſommer , une ſeconde valeur ,*
» *qui eſt celle des choſes dont ſes travaux ont déja opéré , ou*
» *du moins occaſionné la conſommation.* Cette façon d'imputer
» à une ſeule choſe la valeur de pluſieurs autres , d'appliquer ,
» pour ainſi dire , *couche ſur couche* , pluſieurs valeurs ſur
» une ſeule , fait que celle-ci groſſit d'autant ; mais en cela ,
» vous ne pouvez attribuer à l'induſtrie aucune multiplica-
» tion , aucune augmentation de valeurs , ſi par ces termes
» vous entendez une création de valeurs nouvelles qui n'exiſ-
» toient point avant ſes opérations.

» L'induſtrie n'eſt pas plus créatrice de la valeur de ſes ou-
» vrages , qu'elle eſt créatrice de la hauteur & de la longueur
» d'un mur : chaque pierre qu'elle emploie avoit ſa hauteur
» & ſa longueur particuliere ; & de toutes ces pieres aſſem-
» blées par l'induſtrie , réſulte naturellement la hauteur & la
» longueur du mur qu'elle a conſtruit , & qui à cet égard
» repréſente ſous une nouvelle forme toutes ces différentes
» hauteurs & longueurs particulieres qui exiſtoient ſéparé-
» ment avant ſa conſtruction.

» L'induſtrie eſt créatrice des formes , & ces formes ont
» leur utilité ; c'eſt à raiſon de cette utilité , que celui qui
» veut jouir de ces formes nouvelles que l'induſtrie donne
» aux matiers premieres , doit l'indemniſer de toutes ſes dé-
» penſes , de toutes ſes conſommations , & en conſéquence
» conſent à cette addition de pluſieurs valeurs , pour n'en
» plus compoſer qu'une ſeule , qui devient ainſi le prix né-
» ceſſaire de l'ouvrage qu'il veut acheter. Le terme d'*addition*
» peint très bien la maniere dont ſe forme le prix des ouvra-
» ges de main-d'œuvre : ce prix n'eſt qu'un total de pluſieurs
» valeurs conſommées & *additionnées* enſemble ; or , *addi-*
» *tionner* n'eſt pas *multiplier.*

» Une grande preuve que l'induftrie n'eft point créatrice
» de la valeur de fes ouvrages, c'eft que cette valeur ne lui
» rend rien pour elle-même : les dépenfes faites à l'occafion
» de ces mêmes ouvrages font tellement perdues fans retour
» pour l'induftrie, qu'elle n'en peut être indemnifée qu'au-
» tant qu'il exifte d'autres valeurs & d'autres hommes qui
» veulent bien l'aider.

» Je vous loue un arpent de terre 10 francs ; vous dépenfez
» 10 autres francs pour le cultiver, & il vous donne des pro-
» ductions qui valent 30 ; cet arpent vous rend donc votre
» dépenfe de 10, plus de quoi me payer, & en outre un pro-
» fit. De cette opération réfulte très réellement une augmen-
» tation de valeurs, une *multiplication* : & pourquoi ? parce
» qu'au lieu de 10 vous avez 30, fans avoir reçu 20 de qui
» que ce foit : c'eft vous-même qui êtes créateur de ces 30,
» dont 20 font dans la fociété un accroiffement de richeffes
» difponibles ; car elles n'exiftoient point avant votre travail.
» Il n'en eft pas ainfi de l'induftrie : l'indemnité de fes dé-
» penfes n'eft point le fruit de fon travail ; elles ne peuvent
» au contraire lui être rembourfées que par le produit du tra-
» vail reproductif des autres hommes : tout ce qu'elle reçoit
» enfin, lui eft fourni en valeurs *déja exiftantes* ; de forte
» que ces valeurs qui lui font remifes, ne font en cela que
» *changer de main* ». Voilà le texte.

Comment le prétendu Critique a-t-il donc pu dire, que
M. de la Riviere veut *prouver, que l'induftrie n'ajoute rien à la
valeur des matieres premieres?* N'eft-il pas évident qu'il dit &
répete plufieurs fois précifément le contraire? Il foutient feulement, & rien n'eft plus vrai, que l'Ouvrier ajoute la valeur
des *fubfiftances* qu'il a *confommées*, & qu'il n'a pas *produites·*

Il eft donc impoffible qu'aucun Lecteur éclairé & de fens
froid, voie l'apparence même du fophifme dans le texte de

l'ouvrage ; mais il y en a un très-manifeste dans la Lettre de
M. G * *, & le voici.

» De ce que l'Ouvrier a confommé une valeur de 150 liv.,
» & , de ce que le travail de cet Ouvrier, qui a transformé le
» lin en toile, a *produit* une autre valeur de 150 liv., autre-
» ment, a augmenté de 150 liv. la valeur du lin qui fera con-
» fommé à fon tour ; on n'en peut conclure autre chofe ,
» finon qu'il a exifté *deux valeurs* très diftinctes l'une de l'au-
» tre, chacune de 150 liv., & dont *une* eft le fruit du travail
» du Tifferand. «

C'eft par le moyen de ces *idées confufes*, que les Adver-
faires de la Science fe perfuadent fans doute eux-mêmes
les premiers ; puis embrouillent les efprits des autres.

Ils fuppofent, comme un axiome, que la toile fabriquée a
une *valeur* par *elle-même* ; c'eft ce que leur nie M. de la Riviere avec tous les Economiftes. Le Tifferand y eût-il mis
pour mille, francs de lin, eût-il confommé par lui & par les
fiens pour dix mille francs de fubfiftance en la travaillant ;
la toile ne *vaut rien*, s'il n'y a pas *de quoi la payer* ; il peut
bien l'ufer lui-même, ou la donner *gratis*, mais il ne peut
pas la *vendre* à ceux qui n'ont pas le *moyen* de la *payer*.

Allez porter le plus riche joyau de la Couronne & le plus
beau Tableau du monde à nos pauvres Payfans Limofins,
& vous verrez fi les ouvrages de l'art ont une *valeur* par *eux-
mêmes*.

L'Ouvrier prend une matiere premiere qu'il *n'a pas produite*, il la *façonne* en confommant des fubfiftances qu'il *n'a
pas produites* ; il en réfulte un ouvrage qu'il a fait, mais qui
ne vaut qu'à proportion des *moyens* qu'aura, pour le *payer*,
celui qui en defirera l'ufage ou la jouiffance.

Or, cherchez tant qu'il vous plaira, les *moyens* de payer
viennent toujours originairement & *uniquement* de la *produc-*

ſion territoriale. C'eſt dans la main de l'Ouvrier, que vous conſidérez la *valeur* de cet ouvrage ; mais pour qu'elle ſoit là , il faut ſuppoſer l'ouvrage *vendu* , par conſéquent un ac- quéreur qui ait donné à l'Ouvrier cette *valeur*. L'Ouvrier ne l'a donc pas *produite*. Voilà tout ce qu'a dit M. de la Riviere; voilà tout ce qu'enſeigne la Science.

Les formes données aux matieres premieres par les Artiſ- tes , ſont belles & bonnes ; mais il faut qu'avant leur travail , d'*autres* aient produit , 1°. toutes les matieres premieres ; 2°. toutes les ſubſiſtances. Il faut , *après* leur travail , que d'*autres* produiſent de quoi les *payer* ou les rembourſer.

Au contraire , les Cultivateurs produiſent les premiers & les ſeuls tout ce qu'ils emploient , tout ce qu'ils conſom- ment ; tout ce qu'emploient , tout ce que conſomment les *autres*. Et voilà la différence entre *produ&tif* & *ſtérile*.

 ·es denrées territoriales n'ont auſſi dans le commerce au- · *valeur* que par leur corrélatif ; il faut *deux* produ&tions pour faire l'échange , & ſans cette duplicité , les meilleures denrées n'ont point de prix ou de valeur vénale ; on peut les conſommer ſoi-même , ou les donner , mais non les échanger , les vendre ou commercer.

Mais quand deux Cultivateurs échangent des denrées , chacun a *produit* ce qu'il donne pour prix ou valeur de ce qu'.. reçoit : *produit*, c'eſt-à-dire , tiré de la terre , par le bienfait de la nature qui *multiplie* en rendant le quadruple de ce qu'elle a reçu.

Quand un agent de l'induſtrie quelconque échange un ouvrage de ſon art , il vous donne des matieres premieres qu'il n'a pas *produites*, & vous demande en outre le rempla- cement des denrées qu'il a *conſommées* en taillant , pliant , rognant , joignant ou ſéparant ces matieres premieres ; *den- rées* qu'il n'a pas *produites* , non plus que l'argent que vous lui donnez pour les remplacer, non plus que les denrées & matieres premieres qu'il va racheter de cet argent.

Telle est la *doctrine* expliquée par M. de la Riviere, le prétendu Critique a beau la taxer d'*erreur*, & d'erreur *dangereuse*, tout le monde y verra une *vérité*, & une *vérité utile* dont voici la conséquence pratique : *Quand les Cultivateurs feront naître pour eux & pour les propriétaires une plus grande quantité de matieres premieres & denrées propres à la subsistance des hommes, aussi-tôt il y aura plus d'hommes qui s'industrieront* POUR GAGNER CES SUBSISTANCES, *en donnant à ces* MATIERES PREMIERES *une forme qui soit agréable aux propriétaires & aux Cultivateurs* ; la raison, c'est que l'homme est avide de jouissances ; c'est qu'il court à la subsistance & au bien-être quand il les voit à sa portée ; c'est que la multiplication de l'espece marche à proportion des moyens de subsistance.

Mais faites l'inverse de cette proposition, vous formerez tout le systême des Philosophes anti-Economistes, tels que celui qui a feint de vouloir réfuter M. de la Riviere. Voici leur axiome prétendu : » *Quand les Ouvriers consommeront plus* » *de* MATIERES PREMIERES *en* CONSOMMANT *plus de den-* » *rées, aussi-tôt il naîtra plus de denrées & de matieres pre-* » *mieres* «. Le bon sens dira que rien n'est moins clair ni moins vrai que cet axiome : car il faut de deux choses l'une ; ou supposer qu'il y a eu précédemment une plus grande quantité de matieres premieres & de subsistances produites, ou qu'il n'y a eu qu'une égale production. Si vous supposez le premier, à la bonne heure ; mais vous rentrez dans notre proposition, à nous, que les Cultivateurs ont *produit plus*, & qu'*en conséquence l'industrie façonne plus*.

Si vous supposez le second, comment pourrez-vous faire votre calcul ? La production générale a resté la même que

l'an paſſé ; les Ouvriers prennent ſur cette récolte égale *plus*
de matieres & *plus* de denrées pour ſubſiſtance : il en reſte
donc *moins* aux Cultivateurs pour employer en travaux pro-
ductifs ; & par conſéquent la réproduction future diminuera
au lieu d'augmenter ; car la terre ne rend qu'à proportion de
ce qu'on lui donne. Suppoſons même encore très-gratuitement
qu'elle ne diminue pas ; les Artiſans auront l'année prochaine
plus d'ouvrage à vendre que l'an paſſé , à la bonne heure :
mais la production prochaine étant égale à celle de l'an paſſé ,
& ſur cette production égale les Artiſans prenant encore *plus*
de matieres premieres & de ſubſiſtances , comment le *reſte*
qui ſera *moindre* pourra-t-il payer *plus d'ouvrage* au même
prix ou à égale valeur ?

Cette queſtion bien ſimple fera comprendre au prétendu
Critique de M. de la Riviere , comblen il eſt loin des *vrais*
Principes *élémentaires de la Science économiqne.* Nous lui con-
ſeillons bien ſincerement de les étudier avant de mettre au
jour l'ouvrage qu'il annonce. Quand il voudra prendre la
Nature pour guide , & réfléchir ſur l'*ordre phyſique* qui regle
la reproduction des ſubſiſtances & des matieres premieres ,
il verra que la *Doctrine* qu'il regarde comme fondée ſur des
ſophiſmes & ſur les erreurs les moins ſoutenables , n'eſt que
l'expoſé ſimple & naïf de cet *ordre* , & que les prétendus *Prin-*
cipes oppoſés ſont des ſuppoſitions dans leſquelles on fait
marcher *l'effet avant la cauſe unique & néceſſaire ;* c'eſt-à-
dire , la fabrication d'une *plus grande* quantité de matieres
premieres , la vente d'un *plus grand* volume d'ouvrages , la
conſommation par conſéquent d'une *plus grande* maſſe de
denrées & ſubſiſtances , avant la *production* de ce *plus.*

SECONDE LETTRE

DE M. GRASLIN,

En réponse à l'Auteur des EPHEMERIDES *DU* CITOYEN.

LE moyen de souffrir qu'on abandonne la raison & l'expérience, pour suivre aveuglément les imaginations d'Aristote, de Platon, d'Epicure, ou de quelqu'autre Philosophe que ce puisse être.
Rech. de la Vérité, Liv. V. Ch. VII.

JE m'attendois bien, Monsieur, que la Lettre que j'ai adressée aux Auteurs de la Gazette du Commerce, au sujet de l'Ouvrage de M. de la Riviere, m'attireroit une petite marque de votre attention. Je m'étois même promis de ne pas répliquer, persuadé que je ne trouverois dans votre Réponse d'autres raisonnements que ceux que vous & *vos Maîtres* (1) avez déja faits & rebattus tant de fois, & auxquels l'Ouvrage que j'ai annoncé répondra am-

______

(1) C'est ainsi que l'Auteur des Ephémérides appelle ceux dont il a embrassé les opinions.

plement ;

plement ; mais, au lieu des raiſonnements que j'attendois, j'ai trouvé des allégations & des imputations que je ne peux pas paſſer ſous ſilence.

En annonçant ma Lettre, vous dites que l'Auteur s'eſt *vanté* de ne pas redouter l'anathême du déshonneur que vous aviez lancé contre ceux qui oſeroient critiquer l'*Ordre naturel & eſſentiel des Sociétés politiques.* Je n'ai pas dû, ſans doute, être fort effrayé d'un pareil anathême ; mais il n'y a rien dans ma Lettre qui ait cet air de jactance que vous me prêtez. La réflexion ſur mon intrépidité, que vous avez trouvée dans une note, eſt du Journaliſte ; vous n'avez pas pu vous y méprendre. Elle eſt très-bonne dans ſa bouche ; elle eût été petite & minutieuſe dans la mienne ; pour laquelle de ces deux raiſons (1), s'il vous plaît, me l'avez-vous attribuée ?

Vous niez, Monſieur, d'un ton déciſif & tranchant, que M. de la Riviere ait ſoutenu, comme je l'ai avancé, que l'Induſtrie n'*ajoute* rien à la valeur des matieres premieres ; mais les raiſonnements que vous faites, pour prouver la fauſſeté de mon aſſertion, ne ſont que des ſubtilités, dont toute la fineſſe ſe réduit même à prendre le mot *ajoute* dans un autre ſens que celui dans lequel je l'ai employé. En effet, ſi je voulois me rétracter,

---

(1) M. l'Abbé Baudeau n'étoit pas plus l'ami du Journaliſte que de M. G**.

B

& me trouver abfolument d'accord avec vous fur ce qu'a avancé M. de la Riviere, il me fuffiroit de dire que M. de la Riviere prétend que l'Induftrie n'ajoute rien *par elle-même*, *& de fon propre fonds*, à la valeur des matieres premieres. Eh! Monfieur, qu'ai-je donc dit, fi ce n'eft pas cela ? quel autre fentiment ai-je donc combattu ? Quoi! Monfieur, je n'aurois pas compris que M. de la Riviere prétend que l'Induftrie ajoute, à la valeur des matieres brutes, celle des fubfiftances que l'ouvrier a confommées? Il faut affurément bien que je l'aie compris, puifque c'eft uniquement fur cette opinion que porte ma critique. Je crois que vous feriez bien, Monfieur, pour l'intérêt de la caufe que vous défendez, & pour ce que vous vous devez à vous-même, de ne pas recourir à de pareils moyens.

Vous trouvez un fophifme dans cet endroit de ma Lettre : » de ce que l'ouvrier a confommé une » valeur de 150 livres, &, de ce que le travail de » cet ouvrier qui a transformé le lin en toile, a » *produit* une autre valeur de 150 livres, autre- » ment a augmenté de 150 livres la valeur du lin, » qui fera confommé à fon tour, on n'en peut con- » clure autre chofe, finon qu'il a exifté *deux va-* » *leurs* très-diftinctes l'une de l'autre, chacune de » 150 livres, & dont *une* eft le fruit du travail du » Tifferand. »

Au lieu de vous arrêter à relever ce prétendu fo-

phiſme , qui en valoit bien la peine , vous vous jettez à l'écart , & vous dites que je ſuppoſe , comme
un axiome , que la toile a une valeur par elle-même :
ce qui , ajoutez-vous , n'eſt pas vrai , puiſque la
toile ne peut avoir de valeur , que quand il exiſte
un objet qui puiſſe la payer , ou autrement être
donné en échange. Où avez-vous pris , Monſieur ,
que je ſuppoſe que la toile a une valeur par elle-
même ? Je n'ai point avancé cela. Je ſais bien ce
que j'aurois à dire ſur cette queſtion que vous ſubſ-
tituez à celle que j'ai agitée ; mais , outre qu'elle
ne doit pas être traitée ſuperficiellement , elle ne
feroit ici que compliquer les objets , & très-inuti-
lement : car , quand M. de la Riviere ſuppoſe dans
la toile une valeur , ou un prix néceſſaire de 100
livres , s'il croit , comme vous , Monſieur , que cette
valeur , ou ce prix , dépend de l'exiſtence d'un objet qui puiſſe payer la toile , il ſuppoſe apparemment l'exiſtence de cet objet ; ce qui ne changera
rien à mon objection , & ne m'empêchera pas de
ſoutenir , contre le ſentiment de M. de la Riviere ,
1°. que la partie de valeur qui excede , dans la toile ,
celle qu'avoit le lin brut , eſt très diſtincte & très
independante de la valeur des denrées de ſubſiſtance
que l'ouvrier a conſommées ; 2°. que ces deux valeurs entrent , chacune ſéparément , & toutes en-
tieres , dans le ſyſtême des richeſſes , ſans qu'elles
puiſſent ſe confondre dans aucun temps , & ſous au-

cun de leurs rapports; 3°. qu'une de ces deux valeurs eft le fruit feul du travail de l'ouvrier.

Avant de prouver que ce n'eft pas-là un fophifme, je ne ferai pas mal d'examiner en peu de
mots le commentaire que vous faites fur le fentiment de M. de la Riviere. D'abord, n'eft-ce pas
une chofe fort finguliere que cette valeur de la toile,
qui eft en même temps néceffaire, en ce qu'elle
remplace la valeur tant du lin brut, que des chofes
confommées par l'Ouvrier; & conditionnelle, en
ce qu'elle dépend de l'exiftence d'une chofe qui
puiffe la payer? Il faut croire que vous vous entendez; mais je ferois curieux de voir une définition
de la valeur, d'après de pareils principes.

Voilà donc deux différentes caufes que vous donnez à la valeur; & vous les confondez, apparemment pour éclaircir des idées que vous me reprochez
d'avoir embrouillées. Je ferai enforte de vous fui-
vre, en mettant dans ceci autant d'ordre qu'il me
fera poffible. Pour cela, je fépare ce que vous avez
joint, & qui ne préfente aucun fens. Je commence
par votre principe, qu'une chofe n'a de valeur que
par fon corrélatif, autrement par celle qui peut la
payer, ou être fournie en échange. Nous verrons
par la difcuffion de ce principe, ce qu'il faut penfer
de la conféquence que vous en tirez; favoir, que
toute valeur, comme tout moyen de payer, ne
peut venir que du fol.

1°. Une choſe qui eſt le fruit du travail de l'Induſtrie, eſt payée le plus ſouvent par la production territoriale, autrement, eſt échangée contre cette production : rien de plus vrai. Mais, ſi vous en concluez que la valeur de cette premiere choſe dépend de l'exiſtence de la ſeconde, je ſoutiens qu'il faudra dire auſſi que la valeur de la ſeconde dépend de l'exiſtence de la premiere ; car, quand vous me donnez votre bled en échange de ma pendule, prenez garde qu'alors je vous donne ma pendule en échange de votre bled, & que le bled ne paie pas plus la pendule, que la pendule ne paie le bled.

2°. Les choſes qui peuvent payer un ouvrage de l'Induſtrie, ne ſont pas toutes néceſſairement des productions territoriales. Un tableau, ou une piece de dentelle, peut être échangé contre une pendule ; alors, ſelon vous, la valeur d'une de ces choſes dépendra de l'exiſtence de l'autre, & non de la production territoriale. Il n'y a dans cela, ni ſubtilité, ni équivoque : ce ſont les conſéquences naturelles de vos principes. Dans ce dernier cas, direz-vous, avec M. de la Riviere, qu'on ne doit voir dans la valeur de ces choſes, que celle des denrées que les Ouvriers ou Artiſtes ont conſommées néceſſairement dans le temps qu'ils compoſoient leurs ouvrages ? Cela ne ſe peut certainement pas ; car les denrées que ces Ouvriers ont conſommées ne leur ont été fournies qu'en échange de quelques autres objets, qui ne font pas les mêmes que ceux dont il s'agit ici : l'Horloger a donné, en échange des denrées néceffaires à fa confommation, des montres ou des pendules, qui ne font pas les mêmes que celle qu'il donne en échange de la dentelle, ou d'un tableau, ou d'un livre, &c. Il en faut dire autant du Fabricant de dentelles, du Tifferand, & de tous les autres Ouvriers.

Il eft donc bien évident, Monfieur, que le principe que vous avez préfenté à l'appui de celui de M. de la Riviere, n'a pas plus de jufteffe en lui-même, que de rapport à mon raifonnement. Je reviens fur ce raifonnement, que vous regardez comme un fophifme. J'aurois defiré que vous euffiez pris la peine de le réfuter avec plus de précifion ; ma réplique eût été plus fimple & plus facile. Vous vous êtes contenté, en me citant, d'indiquer par des lettres italiques les mots fur lefquels vous avez voulu porter principalement l'attention de vos Lecteurs, & leur laiffer à entendre que ces expreffions renferment quelque principe faux, ou équivoque. Cette maniere de réfuter eft d'autant plus commode, qu'elle difpenfe, non feulement de prouver, mais même de fpécifier en quoi peche le raifonnement. Je vais tâcher de vous interpréter à mon tour, puifque j'y fuis obligé par votre réticence ; mais, très circonf-pect dans cette commiffion délicate, je ne vous prêterai d'autre raiſonnement, que celui que vous avez fait vous même plus d'une fois.

Par les mots que vous avez notés dans l'article de ma Lettre, que j'ai rapportés plus haut dans la même forme que vous, il n'eſt pas difficile de voir que vous entendez qu'il eſt faux que l'Ouvrier qui convertit le lin en toile *produiſe une valeur;* & cela, parce que le travail de l'Induſtrie ne fait que changer la forme des choſes, & ne les produit pas; & parce qu'il n'y a que la terre qui produiſe, ou d'elle-même, ou ſollicitée par le travail du Cultivateur. Voilà, en effet, le grand argument de la nouvelle Philoſophie économique: mais cet argument n'eſt qu'un miſérable abus de mot. On peut bien dire qu'il n'y a que la terre qui, ou par elle-même, ou ſollicitée par le travail de l'homme, puiſſe produire des choſes nouvelles dans l'ordre phyſique; mais il eſt ici queſtion des valeurs des choſes dans l'ordre des richeſſes. Croyez-vous donc qu'il y ait identité entre production du ſol & richeſſe? Quoi! toute production du ſol ſera richeſſe; & tout ce qui n'eſt pas production du ſol, ne ſera pas richeſſe? Il en réſulteroit que, ſi l'on ſeme de l'yvraie dans nos champs, ou que, ſi l'on plante du bois à Cayenne, c'eſt augmenter la maſſe des richeſſes. Il en réſulteroit encore que, ſi l'on évalue le prix de la toile & des couleurs d'un tableau fait par un de nos grands Peintres, ou que, ſi l'on apprécie le métal d'une pendule, on aura toute la richesse qui puisse se trouver dans ces deux ouvrages de l'art.

Ici se représente le principe de M. de la Riviere, que la valeur de ces deux derniers objets n'est autre que celle, tant des matieres premieres employées par les Artistes, que des subsistances qu'ils ont consommées nécessairement. D'abord, je pourrois demander si le Peintre habile qui fait un tableau de 10000 livres, emploie plus de matieres premieres, & consomme nécessairement plus de denrées de subsistance, que le barbouilleur qui fait dans le même temps dix tableaux qui ne valent pas chacun un louis. Je pourrois faire encore plusieurs autres objections ; mais il est plus simple de démontrer, par une analyse succincte, toute l'absurdité du principe.

La valeur qu'avoit la matiere brute peut bien faire partie de celle qu'a la matiere mise en œuvre ; ainsi dans la valeur de la toile, qui est supposée 200 livres, une portion de cette valeur, telle que un quart, peut être la même numériquement que celle qu'avoit le lin brut : pourquoi cela ? C'est que le lin n'a pu servir au besoin de l'homme, qu'après avoir été manufacturé ; c'est que l'Ouvrier qui a transformé ce lin en toile, n'en a point joui, & que la jouissance en est réservée toute entiere à celui qui emploiera la toile à son usage personnel, & qui l'achetera pour toute sa valeur, dont celle du lin fait encore partie.

Il n'en eſt pas de même, à beaucoup près, de la valeur des denrées de ſubſiſtance que l'Ouvrier a conſommées; car l'Ouvrier a joui véritablement de ces denrées. Or, tout objet de jouiſſance communicable & échangeable, a une valeur vénale qui conſtitue ſa qualité de richeſſe. Ces denrées ſont donc richeſſe par elles mêmes, en ce qu'elles ſont objet de jouiſſance. Leur valeur eſt indépendante de celle que peut avoir la toile, en tout ou en partie; & la valeur de la toile eſt également indépendante de celle de ces denrées. Dire que ces deux valeurs n'en font qu'une, ou que l'une remplace l'autre, c'eſt vouloir que les deux jouiſſances que procurent les denrées de ſubſiſtance, d'une part, & la toile, d'autre part, ne ſoient qu'une ſeule jouiſſance, ou que l'une remplace l'autre. Il n'eſt pas néceſſaire de s'étendre ſur la confuſion & l'abſurdité de ces idées.

Mais quelle valeur ou quel objet de jouiſſance donne donc le Tiſſerand en échange du lin & de ſes ſubſiſtances, qui valent enſemble 200 livres? le même lin manufacturé, c'eſt-à-dire, le lin pour ſa valeur intrinſèque de 50 livres, & ſon travail pour la valeur de 150 livres; parce que ſon travail eſt partiellement objet de jouiſſance, comme étant partie conſtitutive & intégrante de la toile, qui eſt objet de jouiſſance. En effet, rien ne ſe donne pour rien; & l'Ouvrier qui reçoit les denrées de ſubſiſtance, ne les obtiendroit pas, s'il ne donnoit valeur pour valeur. Or, la valeur qu'il donne est son travail, ou du moins le produit de son travail, qui consiste dans la forme donnée au lin, & qui augmente la valeur du lin de 150 livres, sans que ces 150 livres soient les mêmes que les 150 livres qui expriment la valeur des denrées qu'il a reçues; car, si cela étoit, il n'y auroit pas lieu à l'échange, ou bien il faudroit dire que l'échange se fait de 150 contre zéro.

L'hypothèse que j'ai faite dans ma premiere Lettre, où je suppose le travail des chevaux employé à la fabrication de quelque objet de jouissance, explique précisément en quoi le raisonnement de M. de la Riviere est vicieux. En effet, si au lieu du travail du Tisserand on avoit pu employer celui d'un cheval qui eût consommé pour 150 livres de foin (ou de denrées plus exportables), il seroit juste de ne voir dans l'excédent de valeur qu'auroit acquis le lin converti en toile, que la valeur des subsistances consommées par le cheval, parce que la subsistance du cheval n'est rien par elle même dans l'ordre des richesses; &, dans ce cas, il est permis de dire que l'Etat gagneroit autant à exporter le lin brut & le foin, en vendant ces denrées du sol 200 livres, que d'exporter la toile fabriquée pour la vendre le même prix de 200 livres. Tout ce qui en arriveroit, seroit que le cheval manqueroit de subſiſtance ; ce qui eſt indifférent à la richeſſe des hommes, dès que ce cheval ne leur ſervoit, dans notre hypothèſe, qu'à la fabrication de la toile, & qu'on a, par l'exportation directe de la matiere premiere & du foin, la même valeur qu'eût donnée celle de la toile.

Je vous ſoutiens, Monſieur, que pour être conſéquent, M. de la Riviere doit appliquer au Tiſſerand le raiſonnement que je viens de faire à l'égard du cheval. Il dira donc que la ſubſiſtance de cet Ouvrier ne fait rien à la richeſſe de la Nation, & que, pourvu qu'en exportant les denrées qui doivent ſervir à ſa ſubſiſtance, en même temps que le lin brut, il rentre dans la Nation la même valeur que ſi l'on avoit exporté le lin fabriqué, la richeſſe nationale ſera abſolument la même.

Cette conſéquence, toute révoltante qu'elle eſt, pourroit ſe tirer encore plus directement d'une infinité de principes de M. de la Riviere. On doit, au ſurplus, la regarder comme une erreur de ſon eſprit, & non de ſon cœur. C'eſt l'enthouſiaſme aveugle du nouveau ſyſtême, qui a emporté ce Citoyen reſpectable au delà de ſes propres vues, pleines de droiture & d'humanité.

Vous voudrez bien, Monſieur, ne voir dans tout ceci que la critique (véritable ou *prétendue*) de vos ſentiments, & de ceux de M. de la Riviere, & nullement l'expoſition des miens, que vous trouverez développés dans l'ouvrage que j'ai annoncé. Vous y verrez, Monfieur, que les valeurs des chofes ne font ni inhérentes aux chofes mêmes, ni dépendantes de leur corrélatif ; ——— que toute richeffe, ou tout moyen de payer, ne vient pas néceffairement de la terre ; ——— que la production de l'Induftrie eft une richeffe, de même nature que celle du fol ; ——— qu'il s'en faut beaucoup que le plus grand produit net du fol foit la plus grande richeffe d'un Etat ; ——— que ce produit net ne circule point d'une claffe à l'autre : ——— enfin que le Tableau économique, *ce chef-d'œuvre de l'efprit humain, cette bouffolle du Gouvernement des Etats*, n'eft qu'un être de raifon. Vous y verrez, en outre, qu'il n'eft pas vrai que tout impôt retombe néceffairement à la charge des Propriétaires des terres, & que cette opinion feroit, par fes conféquences, une des plus dangereufes que le Gouvernement pût jamais adopter.

En voilà affez, Monfieur, pour exercer votre zele, & vous pourrez maintenant vous difpenfer de m'attribuer des principes qui ne font pas les miens, & que vous combattez d'une maniere victorieufe.

Vous affurez, par exemple, que *tout le fyftéme des Philofophes anti-Economiftes, tels que celui* QUI A FEINT DE VOULOIR *critiquer M. de la Riviere, eft renfermé dans cet axiome prétendu :* » Quand les » Ouvriers façonneront plus de matieres premieres,

» en confommant plus de denrées, auffi-tôt il naîtra
» *plus de denrées & de matieres premieres* ». Et vous
ajoutez : *Le bon fens dira que rien n'eft moins clair,
ni moins vrai.* Cela eft jufte ; mais le bon fens &
l'honnêteté diront, qu'il ne faut pas prêter à un
Ecrivain des opinions abfurdes & ridicules qui n'ont
rapport, ni directement, ni indirectement à ce
qu'il a avancé.

Il me refte, Monfieur, à vous remercier de l'avis
que vous me donnez, d'*étudier les vrais principes
élémentaires de la Science économique, avant de
mettre mon Ouvrage au jour.* Ce confeil très-judi-
cieux viendroit trop tard ; mais heureufement je l'ai
prévenu, & j'ai l'honneur de vous affurer qu'il y a
plus de temps que j'étudie cette Science, qu'il n'y
en a que vous & *vos Maîtres*, prétendez l'enfei-
gner. Si vous me permettez de reconnoître cet avis
par un autre, qui n'aura peut-être pas moins de mérite, je vous inviterai à ne pas mettre l'enthou-
fiafme à la place du raifonnement, & l'ironie ou
l'aigreur, à la place des preuves ; à ne pas dire
qu'un homme qui contredit les maximes de quelques Ecrivains modernes, eft *un ennemi déclaré de
la Science, & qu'on doit lui affigner une place diftin-
guée parmi les Ecrivains anti-Economiftes.* Je vous
obferverai auffi, en paffant, que *anti-Economifte*
n'eft pas le mot propre, & qu'il faudroit dire
anti-Quenéifte, anti-Miraboliste ; car on peut com-

battre des opinions particulieres fur la Science économique , fans être ennemi de cette Science. Je l'ai
étudiée dans la nature même des chofes & dans l'expérience ; & j'ai reconnu que la *Science* , cette
Science par excellence , la feule qui vous paroiffe
digne de ce nom , n'eft qu'un fyftême enfanté par
l'imagination. Lorfque la vérité aura percé les té-
nebres que *les Maîtres* ont répandues fur les matieres économiques, on parlera de ce Syftême comme
on parle aujourd'hui du Cartéfianifme , du Male-
branchifme , &c. Cette comparaifon n'offenfera
pas le Chef de la Secte que vous avez embraffée , &
que vous défendez avec *un zele qui n'eft pas felon la
Science.*

LETTRE

DE M. TREILLARD,

Avocat à Brives-la-Gaillarde,

A M. GRASLIN;

Publiée par M. l'Abbé BAUDEAU.

J'AI lu, Monsieur, avec attention votre réponse à l'Auteur des Ephémérides du Citoyen, insérée dans le Journal d'Agriculture du mois de Novembre dernier. On ne peut contester que vous n'ayez beaucoup d'esprit ; &, par l'exemple que vous y rapportez, d'un Tisserand qui a manufacturé une piece de toile valant 200 liv., vous m'auriez presque persuadé qu'il a ajouté un objet de richesse de 150 liv. à la valeur primitive du lin, qui n'étoit que de 50 liv.

Cependant une expérience que je viens de faire, a su me garantir de la séduction de vos raisonnements.

J'habite un pays où l'argent est rare, de sorte que nous sommes obligés la plupart du temps d'y faire nos marchés avec nos Artisans au moyen des échanges, en leur donnant nos denrées qu'ils consomment dans leurs familles, pour prix du travail qu'ils font pour nous : voici ce qui m'est arrivé à ce sujet.

J'avois récolté dans mon fonds un quintal de chanvre, que je fus d'abord tenté de vendre brut pour payer ma taille ; je m'informai d'avance du prix courant du marché, & l'on m'apprit que le chanvre de la premiere qualité ne s'y étoit vendu que 20 liv. le quintal : je m'avisai pour lors de supputer ce que mon chanvre manufacturé pourroit me rendre en toile, & je crus entrevoir dans la vente de ma toile une augmentation confidérable fur le prix de mon chanvre ; je pris le parti de le livrer à des peigneufes ; après avoir bien chamaillé avec elles , nous convînmes que je paierois leur travail, au moyen d'un feptier de bled feigle qui fe vendoit de 4 liv. 16 fols à 5 liv. au marché : leur opération faite , il me refta 50 livres de brin de filaffe, & 50 livres d'étoupes, qu'il fallut livrer aux fileufes. Celles-ci fe chargerent du filage du brin , à raifon de 4 fols par livre, ce qui revenoit pour les 50 livres de brin , à 10 liv. que je leur payai au moyen de deux feptiers de feigle : elles ne fe chargerent du filage des étoupes qu'en leur abandonnant les deux cinquiemes, c'eft l'ufage de mon pays; enforte qu'il ne me refta de net que 50 livres de fil de brin , & environ 25 livres d'étoupes , attendu le déchet qu'éprouve dans l'opération cette efpece de filaffe.

Une troifieme façon à donner, fut d'adoucir ce filj écru, parle moyen des leffives ; il fallut y employer du bois à brûler , des cendres & la main-d'œuvre d'une Blanchiffeufe, qui ne voulut s'en charger que moyennant la rétribution d'un fol par livre de fil : ce qui forma un objet de dépenfe de 3 liv. 15 fols, que je lui foldai au moyen de trois quarts d'un feptier de feigle.

Pour recevoir cette leffive, il falloit de néceffité que le fil fût en écheveaux ; il y en avoit 150, pefant chacun demi-livre ; il fallut pour le mettre en pelotons , l'opération d'une Devideufe, qui s'en chargea moyennant un liard par couple d'écheveaux, objet de dépenfe de 25 fols , qui furent payés au moyen d'un quart de feptier feigle.

Le Tifferand eut enfuite fon tour ; il me fabriqua 50 aunes de toile de brin , convention réglée entre nous à 5 fols l'aune pour la façon, & 20 aunes de toile d'étoupes , à 2 fols 6 den. l'aune, ce qui forma pour fa main-d'œuvre 15 liv. , que je lui payai par la livraifon de trois feptiers feigle.

Enfin

Enfin je livrai ma toile de brin au blanchiffage, à raifon de 2 fols par aune ; ce qui forma un objet de 5 liv., que je payai au moyen d'un feptier de feigle.

Dans cet état j'eus en main 50 aunes de toile de brin blanchies, & 20 aunes de toile d'étoupes, produit de mon quintal de chanvre, dont les façons me coûterent ;

1°. Pour les Peigneufes, un feptier (1) de feigle ,   5 liv.

2°. Pour les fileufes, deux feptiers de feigle , 10 liv.

3°. Pour la leffive & apprêt, trois quarts de feptier de feigle,   .   3 liv. 15 f.

4°. Pour le devidage, un quart de feptier de feigle,   1 liv. 5 f.

5°. Pour la main-d'œuvre du Tifferand, trois feptiers de feigle,   15 liv.

6°. Pour le blanchiffage de la toile, un feptier de feigle,   5 liv.

Total de la main-d'œuvre. . . . . 40 liv.
Prix du chanvre. . . . . 20 liv.

Total. . . . . 60 liv.

Il fut enfuite queftion de tirer parti de ma marchandife. Un revendeur fe préfenta pour l'acheter ; il ne voulut jamais m'en donner que 20 fols l'aune de la toile de brin, & 10 fols l'aune de la toile d'étoupes : cela me détermina à l'envoyer au marché, où je la vendis à raifon de 21 fols l'aune de la toile de brin, & 11 fols l'aune de la toile d'étoupes ; au moyen de quoi je trouvai fur ma vente un bénéfice de 3 liv. 10 fols,

---

(1) Le feptier de feigle, mefure de Brives, pefe de cinquante-trois à cinquante-quatre livres.

C

prix de mon bois & de mes peines , qui auroit été le produit du revendeur : ainſi je me trouvai avoir retiré de ma vente :

1°. Le prix de mon quintal de chanvre,   20 liv.

2°. Le prix de huit ſeptiers de ſeigle que j'avois livrés pour les façons de ma toile,   40 liv.

3°. Trois liv. 10 ſols, pour mon bois & mes peines , profit que le Revendeur auroit fait ſur moi,   3 liv. 10 ſ.

Total. . . . . .63 liv. 10 ſ.

Un exemple de cette eſpece doit décider, ſans contredit, le problême entre vous & l'Auteur des Ephémérides du Citoyen ; le travail des Peigneuſes, des Filcuſes, de la Devideuſe, des Blanchiſſeuſes & du Tiſſerand, n'a rien ajouté à la valeur de mon chanvre, il n'a fait qu'opérer la conſommation de mon bled ſeigle , qui a formé la valeur totale de ma toile.

L'acheteur de cette toile avoit vendu douze moutons, qui ont été conduits à Sceaux, & qui ſeront peut-être conſommés à Verſailles , & payés du même argent que j'ai donné pour mes impôts.

Quelles autres richeſſes voyons-nous donc là , Monſieur , que le métal ſorti de la mine , l'herbe du pré de mon Compatriote , ſes moutons , mon chanvre & mon ſeigle ?

Vous demandez à l'Auteur des Ephémérides , s'il aimeroit mieux qu'un ſeul cheval , en tournant une machine , eût tout de ſuite fabriqué ma toile : oui , Monſieur , ſoyez ſûr qu'il vous répondra que oui , ce cheval n'eût coûté qu'une botte de foin & un peu de paille.

Ma toile n'auroit valu que 24 ou 25 liv. : oui , mais j'aurois eu de reſte mes huit ſeptiers de ſeigle , valant 40 liv.

Les femmes & les hommes, qui ont fait le travail de la toile, auroient *fait* autre choſe pour moi ou pour mon voi fin ; nous aurions eu plus de *jouiſſances*, plus de bien réel par conſéquent.

Eſt-ce que vous fongez, Monſieur, qu'en abrégeant les façons, on *tue* les Ouvriers qui les donnoient aux matieres premieres ? détrompez-vous, ſi vous êtes dans cette erreur : quand on a inventé les moulins, l'Imprimerie, les bas au métier, & cent autres manieres d'abréger les *ouvrages*, perſonne n'eſt mort pour cela, perſonne n'a déſerté les pays. Pourquoi ? c'eſt que la ſubſiſtance qui exiſtoit a reſté ; & quand les ſubſiſtances reſtent, les hommes demeurent auſſi ; c'eſt l'anéantiſſement des ſubſiſtances qui les tue.

Tenez, Monſieur, ſi on pouvoit trouver des méthodes pour faire, en ſoufflant, tous les ouvrages les plus longs & les plus coûteux de l'*art*, ce ſeroit tant mieux. Pourquoi ? il n'y auroit pas pour cela un grain de bled de moins dans nos greniers, une goutte de vin de manque dans nos celliers, pas une piece de bétail à redire dans nos étables, ni un poulet dans nos baſſe-cours.

Que croyez-vous que feroient les gens qui travaillent toute la journée à ces longs ouvrages ? Croyez-vous qu'ils s'entendiſſent tous pour mourir de faim, plutôt que d'entreprendre d'autres ouvrages de l'*art*, & que nous fuſſions aſſez bêtes pour laiſſer perdre nos ſubſiſtances ? Non, ils s'*induſtrieroient* d'une autre maniere, & nous gagnerions en jouiſſances le réſultat de cette *induſtrie*.

La révolution ſe fait tous les jours pour chaque invention : croyez-vous que la premiere toile ait été faite auſſi vîte & à auſſi bon marché que la mienne ? Non : réfléchiſſez là-deſſus, Monſieur, vous verrez que la multiplication des ſubſiſtances multiplie les hommes ; que plus les hommes ſe multiplient, plus l'induſtrie s'évertue & l'art ſe perfectionne ; parce qu'un champ qui n'occupe qu'un homme, rapporte la nourriture de dix ou douze, & qu'un propriétaire qui a la fubfiftance de fix ou fept, la donne à ceux qui ont le talent de lui procurer le bien-être. Je fuis, &c.

NOTE DE M. L'ABBÉ BAUDEAU.

La Lettre de M. Treillard doit mettre M. G** dans le cas d'examiner de nouveau fa Doctrine. Il vient de publier enfin fon gros Livre fur la Richeffe & fur l'Impôt. La lecture nous a confirmés dans l'idée que nous avions de fes principes; il a regardé comme une injure le confeil que nous lui donnions d'étudier la Science économique : il eft trop aifé de lui prouver aujourd'hui jufqu'à quel point il en avoit befoin.

TROISIEME LETTRE

DE M. GRASLIN,

En réponse aux Observations qui lui ont été adreſſées ſous le nom de Mᵉ. TREILLARD, Avocat à Brives, dans le Journal des Ephémérides du Citoyen,

A M. L'ABBÉ BAUDEAU.

Nil agit exemplum, litem quod lite reſolvit.
Hor. Lib. II. Sat. III.

MONSIEUR,

VOUS plaidez donc maintenant par miniſtere d'Avocat : vous voulez ſans doute vous conformer au Réglement qui ordonne que, pour éviter l'aigreur que les Parties pourroient mettre dans leurs défenſes, elles feront tenues de ſe faire repréſenter par des Procureurs, ou Avocats : je dois convenir que c'eſt fort ſagement fait à vous; Mᵉ. Treillard, d'ailleurs, eſt parfaitement bien entré dans l'eſprit de ce Réglement, en faiſant valoir ſes moyens avec beaucoup d'honnêteté. Si c'eſt vous, Monſieur, qui l'avez fait parler, vous lui avez prêté un ton convenable à ſon miniſtere; & vous pouvez dire, comme l'Intimé (dans les Plaideurs.) *oui-dà, j'en ai pluſieurs.*

Je ne ſais de quel ton eſt une Note, où, quittant le perſonnage d'Avocat, vous annoncez ainſi mon Ovrage : *Il vient de publier enfin son gros Livre sur la Richesse & sur l'Impôt.* Son gros Livre ! que ce mot est bien dit ! Vous mettez de l'esprit par-tout. Mais, esprit à part, que voulez-vous dire ? Il me semble qu'un Livre de 400 pages, & que j'annonce m'avoir coûté plusieurs années de travail, ne doit pas faire crier à l'immense fécondité, surtout un Ecrivain qui nous donne, très-réguliérement, douze Volumes par chacune année. N'en feroit-il point de mon Livre comme de la Cassette de l'Avare, que Maître Jacques appelle *grande* par ce qu'elle contient ? En ce cas, je ne saurois trop vous remercier de votre joli compliment, d'autant plus flatteur, qu'il est plus détourné ; & que le reste de la note rend encore l'énigme plus difficile à deviner.

Nous continuerons, Monsieur, ce petit commerce d'honnêteté & de politesse, autant que cela vous fera plaisir : je fais trop ce que je dois à vous, & à moi, pour vouloir être en reste avec vous sur cet article. Mais, en attendant que je connoisse encore mieux vos intentions, je vais répondre simplement au Plaidoyer que vous avez mis dans la bouche de M^e. Treilliard, ou que vous avez adopté, & qui ne contient que des faits & des raisonnemens. J'avoue que ce ton de discussion m'est plus naturel ; &, franchement, je le crois aussi plus convenable pour le Public, qui pourroit bien ne s'amuſer que médiocrement de nos gentilleſſes.

Si la queſtion que vous préſentez aujourd'hui eſt différente de celle que nous avons agitée, elle ne détruira pas ce que j'ai prouvé contre vos principes & ceux de M. de la Riviere ? Si elle eſt la même, pourquoi abandonner les premietes données que nous a'fournies M. de la Riviere, pour en ſubſtituer de nouvelles ? N'a-t-on pas lieu de croire que vous ne préſentez une autre hypothèſe, que pour divertir l'attention des Lecteurs, & vous dérober vous-même à l'évidence de mes démonſtrations ? Voyons cependant en quoi conſiſtent les nouveaux arguments que vous produiſez pour prouver que l'Induſtrie n'ajoute rien, par elle-même & de ſon propre fonds, à la valeur des matieres premieres.

Vous avez du Chanvre, que vous pourriez vendre brut 20 livres; vous le faites peigner, filer, devider, blanchir, fabriquer par divers Ouvriers, auxquels, pris enſemble, vous donnez en paiement huit ſeptiers de ſeigle, qui, à raiſon de 5 livres le ſeptier, ont une valeur de 40 livres. Vous vendez enſuite ce chanvre manufacturé le prix de 60 livres, (ou 63 livres 10 ſols, en l'envoyant vous-même au marché,) & vous dites, avec la plus grande confiance : il eſt évident *que le travail des Peigneuſes, des Fileuſes, de la Devideuſe, des Blanchiſſeuſes & du Tiſſerand, n'a rien ajouté à la valeur de mon chanvre; il n'a fait qu'opérer la conſommation de mon ſeigle , qui a formé la valeur totale de ma toile.*

Un peu de préciſion , s'il vous plaît ; & commençons par établir la ſignification exacte de nos expreſſions , ſans quoi nous diſputerions long-temps ſans nous entendre. La valeur de votre toile eſt *la même* , ſelon vous , que celle qu'avoient votre chanvre brut & votre ſeigle : vous ne voulez pas dire , ſans doute , qu'il y ait identité dans toute la force du mot , entre ces deux valeurs ; car celui qui achete votre toile , vous achete uniquement de la toile pour ſa valeur de 60 livres , & non du ſeigle que vous ne lui livrez pas. De la toile n'eſt pas du ſeigle , ſi je ne me trompe ; ce ſont deux choſes eſſentiellement différentes. Or , il ne peut pas plus y avoir d'identité entre la valeur d'une choſe & valeur d'une autre choſe , qu'il ne peut y en avoir entre la grandeur d'un mur & la grandeur d'un arbre : ainſi , pour qu'on puiſſe donner quelque ſens à cette identité des valeurs , il faut entendre qu'elles ſont les mêmes comparativement , autrement qu'elles ſont égales.

Vous dites donc que la valeur de la toile que vous poſſédez , & que vous allez vendre au marché , eſt *égale* à celle qu'avoient votre chanvre brut , & le ſeigle que vous avez donné en échange de la fabrication ; & vous en concluez que votre richeſſe n'eſt point augmentée. Certainement , Monſieur , je ne vous conteſterai rien de tout cela. Votre richeffe ne peut pas avoir été accrûe par l'échange que vous avez fait de votre feigle contre la fabrication de la toile , puifque cet échange ne s'eft fait qu'en raifon de l'égalité des valeurs refpectives ; mais cela ne prouve point du tout que la fabrication n'ait rien ajouté à la valeur du chanvre. Ne voyez-vous pas que, quelqu'accroiffement de valeur que le travail de la fabrication ait donné à votre chanvre , il ne doit pas être à votre profit , puifque ce travail ne vient pas de vous & ne vous appartient pas ? Quoi ! Monfieur , fitôt qu'un accroiffement de valeur n'eft pas une plus grande richeffe pour le Propriétaire , vous niez cet accroiffement ? La conféquence feroit très-bonne fi l'on établiffoit , pour premier principe, que les Propriétaires des terres conftituent feuls l'humanité. J'ai déja prouvé que ce principe n'eft pas fort étranger à la nouvelle Doctrine économique.

Pour éclaircir davantage cette idée , je fuppofe pour un moment , que le travail de vos Peigneufes , Fileufes , Devideufes , Blanchiffeufes & Tifferands , vous foit dû à titre de fervitude particuliere , que vous êtes le maître d'exiger ou de ne pas exiger ; cette circonftance ne peut rien changer aux valeurs, & de la toile , & du feigle , &c. Dans cet état, je dis, non pas que vous conviendrez de l'augmentation de la valeur que donne à votre chanvre le travail de la fabrication , mais que vous agirez comme si vous en étiez bien persuadé ; parce qu'autre chose est de disputer, ou d'agir, dans ce qui touche l'intérêt personnel, & qu'on ne fait guere de sophismes de conduite en cette matiere. Je dis donc que vous ne trouverez plus qu'il soit égal de vendre votre chanvre, ou manufacturé pour 60 livres, ou brut pour 20 livres ; mais même que vous ne donneriez pas le chanvre brut, quand, au lieu de 20 livres, on vous en offriroit 30, 40, & jusqu'à 50 ; parce que vous perdriez encore 10 liv., en ne profitant pas de la fabrication, qui vous est due, qui fait partie de votre domaine, & qui vous procurera une vente de 60 livres.

Vous me direz peut-être que, dans cette derniere hypothèse, vous avez de plus le seigle que vous étiez obligé de donner aux travailleurs. Je réponds que c'est vouloir substituer une chose à une autre, sans raison : le seigle étoit à vous en propriété dans la premiere comme dans la seconde hypothèse : ce n'est donc pas le seigle que vous avez de plus aujourd'hui, mais le travail de la fabrication du chanvre. Si, dans le premier cas, vous donniez votre seigle, c'étoit en paiement de la fabrication, qui est une richesse aussi réelle que votre seigle, mais qui ne vous appartenoit pas, & que vous ne pouviez obtenir que par la voie de l'échange. Dans l'hypothèse actuelle, où le travail de la fabrication est votre domaine, de même que la

terre qui produit votre chanvre, vous n'avez plus
befoin de payer ce travail, ni de donner en échange, foit votre feigle, foit tout autre objet de richeffe ; voilà la feule différence. Mais, dans l'un &
l'autre de ces deux cas, pourroit-on s'aveugler au
point de ne pas voir que la fabrication eft produc-
tive de valeur ; qu'elle eft richeffe intrinféque-
ment, foit pour vous, fi vous la poffédez, foit pour
l'Ouvrier, s'il eft maître abfolu de fa perfonne, &
fi fon travail lui appartient ? Pourroit - on, dès
qu'on traite de l'intérêt ou de la richeffe nationale, qui doit être l'objet des Ecrivains économiques, ne pas fentir que la Nation, qui comprend
les Ouvriers & les Propriétaires, eft précifément
dans la fituation où je vous ai placé tout-à-l'heure,
c'eft-à-dire, qu'elle poffede en même temps le
chanvre brut & le travail de la fabrication ; conféquemment, qu'elle ne doit pas plus que vous donner fon chanvre brut à l'Etranger, quand même,
au lieu de 20 livres qui eft fa valeur dans cet état,
on lui en offriroit 30, 40, ou 50 livres ; puifqu'en
le manufacturant, elle eft affurée d'en retirer 60
livres ?

Les calculs que vous m'oppofez, Monfieur, fi-
gureroient, parfaitement bien, dans un Traité
d'Economie domeftique, à l'ufage des Propriétaires des terres : mais, je crois qu'il eft queftion ici
des intérêts de la Nation ; & vous me permettrez de

penſer que les Propriétaires ne font pas ſeuls la Nation, de même que, dans l'Univers, ils ne conſtituent pas ſeuls l'humanité. Leur richeſſe eſt, le plus ſouvent, en diminution de celle des autres Citoyens ; & il s'en faut bien que je croie qu'il faille toujours faire céder l'intérêt de ces derniers, à celui des premiers. Si l'on conſidére l'Etat dans la collection de tous ſes membres, on ne peut plus combiner ſa richeſſe que dans ſon rapport avec les autres Nations, parce que les Propriétaires, les Ouvriers, & tous les hommes réunis ſous un même Gouvernement, ne font plus qu'un ſeul corps, & que leurs intérêts ſe confondent dans un ſeul, qui eſt l'intérêt national. Dans cette conſidération, il y aura de l'avantage pour la Nation, qu'un des Membres gagne 10, lors même qu'un autre perdra 9, parce qu'il reſtera encore 1 de profit pour la Nation ; mais je défie toute votre réthorique de me prouver que, ſi les Propriétaires gagnent 10 par le même procédé qui fera perdre trente à d'autres, il n'y aura pas une perte réelle de vingt pour l'Etat.

Par la maniere ſeule dont vous avez préſenté votre queſtion, en ſupprimant le gage intermédiaire, qui ſe place aujourd'hui entre tous les échanges des richeſſes réelles, vous avez prouvé, mieux que je ne pourrois le faire moi-même, que le travail de la fabrication a une valeur par lui-même comme celle du chanvre ; par conféquent, que la premiere valeur étant ajoutée à la feconde, elle l'augmente d'autant. Il fe peut que ce ne foit pas votre intention ; mais ce principe fort de votre expofition avec la plus grande évidence. En effet, vous avez fait filer, blanchir & fabriquer votre chanvre ; & vous avez donné, en paiement de ces ouvrages, 8 feptiers de feigle ; mais, donner une chofe en paiement d'une autre, c'eſt faire l'échange de la premiere contre la feconde ; ce qui fuppofe que toutes deux font richeſſes ; ce qui fuppofe même que leurs valeurs refpectives font égales. D'ailleurs, je m'imagine que vous ne prétendez pas avoir donné vos 8 feptiers de feigle gratuitement : ces 8 feptiers valent 40 livres, vous le favez auſſi bien qu'un autre ; vous n'avez donc pas confenti à échanger 40 livres contre zéro, pas même contre 39 livres ; vous avez donc reçu quelqu'autre chofe valant 40 livres. Or, je demande ce que vous avez reçu, fi ce n'eſt pas la fabrication de votre chanvre, autrement la forme par laquelle il a été converti en toile ? Mais, dites-vous, c'eſt précifément parce que j'ai reçu cette forme, & que j'ai donné en échange mon feigle, que la valeur de ma toile n'eſt plus à préfent que celle de mon chanvre brut & de mon feigle. J'ai déja relevé ce paralogifme ; &, pour ne rien laiſſer à defirer, j'ajouterai que la valeur de votre toile peut bien fe

décompofer en deux parties. Mais ne vous y trom-
pez pas, ces deux parties font, 1º, la valeur de votre chanvre brut, 2º, celle du travail qui lui a donné fa forme & l'a approprié au befoin de celui qui
en doit jouir. La premiere partie, comme je vous
l'ai dit dans ma derniere Lettre, eft bien encore
une portion de votre richeffe perfonnelle ; mais la
feconde eft la richeffe de l'Ouvrier ; & elle ne fe
trouve aujourd'hui en votre poffeffion, que parce que
vous l'avez reçue de lui en échange de votre feigle,
qui étoit une autre portion de votre richeffe perfonnelle. Cet échange fait, le feigle appartient à
l'Ouvrier, de même que le fruit de fon travail
vous appartient: s'il ne veut pas le confommer, il
le vendra 40 liv. comme vous vendez votre toile
60 livres, c'eft-à-dire, 40 livres de plus que vous
n'euffiez vendu votre chanvre brut.

Vous ne voulez voir, dans la toile & le feigle,
que pour 60 liv. de valeurs ; & j'en trouve, de bon
compte, pour 100 livres ; favoir, la toile d'une
part, pour 60 livres, & le feigle, d'autre part,
pour 40 livres. Expliquez-moi d'où vient cette
différence dans un calcul qui paroît fi peu fufcep-
tible de difficulté. Eft-ce que la toile n'a encore
d'autre valeur que celle qu'avoit le chanvre brut &
qui étoit feulement de 20 livres ? Votre acheteur
vous démentiroit, quoiqu'il n'ait pas d'intérêt à
vous tromper dans ce fens-là. Eft-ce que le feigle

n'a point de valeur ? Il en avoit dans votre main : ſi vous euſſiez fait l'échange de ce ſeigle avec un autre Propriétaire, qui vous eût donné, je ſuppoſe, un tierçon de vin, vous auriez vu là deux objets de richeſſe très réels & très diſtincts, chacun de la valeur de 40 livres. Eſt-ce enfin, car je ſuis forcé d'en revenir là, que ce ſeigle, dès qu'il eſt deſtiné à la ſubſiſtance de quelques malheureux Ouvriers, n'eſt plus richeſſe ? Croyez-vous qu'il en ſoit de cela, comme ſi, manquant d'avoine, vous deſtiniez vos huit ſeptiers de ſeigle à nourrir des chevaux ? auquel cas vous ſeriez ſûrement bien fondé à ne compter que pour une ſeule valeur de 40 livres, celle du ſeigle que conſommeroient les chevaux ; & celle de l'objet de beſoin qui ſeroit le fruit de leur travail, parce qu'il n'y auroit-là qu'une transformation de richeſſe, & qu'il n'en réſulteroit toujours qu'un ſeul objet de jouiſſance pour les hommes. Répondez, s'il vous plaît, Monſieur ; & n'éludez pas, pour la troiſieme fois, cette objection un peu embarraſſante pour des Philoſophes qui n'ont pas héſité à nous donner des opinions auſſi fauſſes & auſſi dangereuſes pour le Code de la nature & de l'humanité.

Le calcul de la valeur de votre toile, fait à votre maniere, préſente une petite difficulté que je dois vous propoſer. Cette toile portée au marché ſe vend 63 liv. 10 ſols, au lieu de 60 liv, que vous en eût donné le Marchand Revendeur ; ce qui fait un excédent de valeur de 3 liv. 10 fols. Que dites-vous de ces 3 liv. 10 fols acquis à la toile par votre induftrie, qui a été chercher le befoin ? Je fais bien que, fi c'eût été le Revendeur qui eût porté cette toile au marché, vous diriez que ces 3 liv. 10 fols feroient la valeur des denrées qu'il auroit confom-mées néceffairement pendant le temps qu'il auroit été occupé à cette commiffion. Mais, c'eft vous, Propriétaire, ou un de vos gens, l'un & l'autre vivants indépendamment de ce bénéfice. Il y a donc là un excédent de valeur, qui n'eft ni ne repré-fente la valeur d'aucune production confommée, & qui eft en accroiffement de votre richeffe. Com-ment accordez vous cela avec vos principes ? Mais que dis-je ! vous êtes Propriétaire, ce mot feul ré-fout la difficulté ; vous pouvez admettre cette aug-mentation de richeffe qui eft à votre profit, fans tomber dans aucune contradiction, & je dois fa-voir qu'il ne faut pas conclure de vous à un falarié, non plus que de lui à vous.

L'acheteur de ma toile, dites-vous, *avoit vendu douze moutons, qui ont été conduits à Sceaux, & qui feront peut-être confommés à Verfailles, & payés du même argent que j'ai donné pour mes impôts.* Voilà un cercle d'échange entre divers objets de richeffe, fur lequel je n'ai rien à dire ; mais il n'en eft pas de même de la conféquence que vous en tirez. *Quelles*

autres

autres richeſſes voyons-nous donc là , que le métal ſorti de la mine , l'herbe du pré de mon compatriote , ſes moutons , mon chanvre & mon ſeigle ?

Vous m'aſſurez , Monſieur , que vous ne voyez-là que votre chanvre : je ne vous démentirai pas ; mais je dirai qu'apparemment il ne faut pas plus diſputer de la forme des objets que de leurs couleurs; car , moi j'y vois de la toile , qui ne reſſemble point du tout à ce que j'entends appeller du chanvre. De plus , comme je vois là cette toile avec toute ſa valeur , je n'y vois plus le chanvre ; parce que ce ſeroitvoir une même partie de richeſſe deux fois. J'y vois auſſi le ſeigle très diſtinctement ; j'y vois encore des moutons ; mais , par la raiſon que je vois auſſi là ces moutons pour toute leur valeur , je n'y vois plus l'herbe qui a ſervi à les nourrir. Cette herbe , néceſſaire à la pâture des moutons , & ſans laquelle ils n'exiſteroient pas , eſt richeſſe ſans contredit , mais richeſſe partielle , parce qu'elle eſt ſeulement partie conſtitutive & intégrante d'une richeſſe qui conſiſte dans la jouiſſance que nous tirons des moutons. Or, ſi vous faites entrer dans la ſomme des richeſſes la valeur entiere de ces moutons , & en outre l'herbe qu'ils ont conſommée , c'eſt compter , 1°. le tout, qui comprend toutes les parties qui le conſtituent, 2°. une de ces parties ; ainſi c'eſt faire un double emploi.

Je ne ſaurois trop vous le répéter, Monſieur, il

n'en eft pas de cette herbe comme du fcigle que confomment vos Ouvriers : ce fcigle feul eft objet de leur jouiffance, & cela indépendamment de ce que font ou ne font pas ces Ouvriers, & indépendamment de la jouiffance qu'ils peuvent vous procurer par leur travail ; parce qu'encore une fois, ces Ouvriers ne font ni des moutons, ni des chevaux, mais des hommes auffi bien que vous. Voilà une majeure qu'il faut abfolument que vous me niez, pour avoir raifon, ou du moins pour être conféquent.

Quant au métal forti de la mine, je le vois là, non comme une richeffe réelle & échangeable par elle-même, mais comme un gage intermédiaire des échanges entre divers objets de richeffes réelles. Il me femble que votre maniere de l'envifager n'eft pas la même ; mais ceci fort de notre queftion.

Vous dites enfuite que j'ai demandé à l'Auteur des Éphémérides, s'il aimerait mieux qu'un feul cheval, en tournant une machine, eût tout d'un coup fabriqué votre toile ; & vous m'affurez qu'il me répondra que oui. J'ai demandé cela, moi, Monfieur ! où ? dans quel endroit, s'il vous plaît ? & qu'aurois-je voulu prouver par là relativement à mon objet ? Cette queftion eft tellement étrangere à celle qui nous occupe, que je pourrois dire auffi *que oui*, fans rien changer à tout ce que j'ai avancé : il ne s'agit pas, entre M. de la Riviere &

moi, de savoir s'il y auroit de l'avantage ou non ; à ce que le travail des hommes fût diminué par des inventions nouvelles, mais si ce travail, lorsqu'il est nécessaire pour l'appropriation des objets de nos jouissances, est ou n'est pas richesse ; & si, par lui-même, il ajoute ou non à la valeur des matieres premieres.

Si vous voulez élever une autre question, je ne refuserai pas de vous suivre ; mais il faut que ce ne soit pas une échappatoire : il faut qu'il ne vous reste plus aucune difficulté sur celle qui nous occupe, & qui, par ses conséquences pratiques & d'un usage journalier, ne peut qu'avoir la plus grande influence sur la prospérité de la Nation. Commencez donc par convenir contre les assertions de M. de la Riviere ;

1°. Que l'industrie crée des valeurs nouvelles, qui n'existoient point avant ses opérations ;

2°. Que ces valeurs, fruit du travail des Ouvriers, n'ont rien de commun avec celles des productions de subsistance que ces Ouvriers consomment, parce qu'il résulte de ces deux choses deux jouissances différentes pour la masse des hommes ;

3°. Que l'industrie qui fabrique les matieres premieres pour les vendre à l'étranger, n'est point un pis-aller qu'il faille restreindre au seul cas où le transport des matieres premieres seroit plus coûteux que celui des mêmes matieres manufacturées ;

4°. Qu'il eft de toute fauffeté, qu'au lieu de fabriquer nos matieres premieres pour les exporter, ce foit la même chofe pour la Nation de les exporter brutes, avec les denrées de fubfiftance qui feroient acquifes à l'Ouvrier pour prix de fon travail ; & cela quand même la Nation retireroit le même prix de cette vente que de la vente des matieres mifes en œuvre ; parce que, dans ce dernier cas, les denrées de fubfiftance nous reftent, & qu'il eft plus avantageux d'avoir ces denrées, que de les donner fans aucun retour.

5°. Que ces denrées, acquifes aux Ouvriers en échange de leurs travaux, ne font pas perdues pour la Nation, parce que ces Ouvriers font des Citoyens utiles, & ne font pas la partie la moins intéreffante de la Nation.

6°. Que, fi l'on vend à l'étranger les denrées de fubfiftance, en même temps que les matieres brutes, c'eft ôter de toutes manieres à l'Ouvrier les moyens de fubfifter ; 1°. parce que les denrées de fubfiftance, dont on a exporté une partie, étant plus rares dans l'Etat, y feront plus cheres ; 2°. parce que la fabrication qu'on lui enleve eft fa richeffe, & conftitue fon droit aux denrées de fubfiftance ; 3°. parce qu'étant ainfi dechu de ce travail, il eft forcé de fe tourner vers un autre ; ce qui, en augmentant le nombre des Ouvriers dans ce dernier genre, eft en diminution du droit de chacun ;

4°. parce qu'il ne doit plus même reſter à ce malheureux la reſſource de ſe porter vers une autre eſpece de travail ; car, dans le principe que je combats, pourquoi leur en laiſſeroit-on ? pourquoi ne pas donner à l'étranger celui-là auſſi bien que celui-ci, & cet autre auſſi bien que celui-là, l'un n'augmentant pas plus que l'autre la richeſſe nationale ? Ce qui tend à réduire ces hommes, dont le travail faiſoit la ſeule richeſſe, à la miſere la plus affreuſe & la plus invincible ; & ce qui prouve que la nouvelle politique économique, fauſſe dans ſon calcul, n'eſt pas très humaine dans ſes effets.

Lorſque vous ſerez d'accord avec moi ſur ces vérités, qui ſont confirmées par l'expérience de toutes les Nations ; lorſque vous aurez eu le courage, rare dans un Ecrivain, de convenir que vous vous êtes trompé, je ſuis tout prêt à vous ſuivre dans la nouvelle carriere où vous voulez m'attirer ; & je vais commencer par vous faire voir que vos raiſonnemens, ſur l'utilité des inventions qui abregent le travail, n'ont pas toute la juſteſſe & la ſolidité qu'annonce l'extrême confiance avec laquelle vous les préſentez.

J'ai dit ailleurs, des nouveaux Ecrivains économiques, qu'après avoir ſaiſi une idée, qui n'eſt vraie que ſous un rapport particulier, ou dans une circonſtance donnée, ils l'etabliſſent en maxime générale, ſans ſe mettre en peine ſi les circonſtances ne font pas différentes, ou même oppofées : c'eft précifément ce que vous faites ici.

Si vous voulez confidérer les hommes dans un état de fociété naiffante ; fi vous fuppofez que tous n'ont encore que la propriété qui a fon principe dans la nature, c'eft-à-dire, la propriété de leur perfonne, & conféquemment des chofes qui font le fruit de leur travail ; & que, divifés en différentes claffes pour la facilité des travaux, ils échangent entre eux leur richeffe perfonnelle, en raifon des befoins refpectifs, il ne faut pas douter qu'il ne foit de l'avantage de tous que le travail, même d'une feule claffe, fe trouve diminué par quelqu'invention nouvelle. Les hommes furabondants dans cette claffe, perdront, à la vérité, le droit que leur donnoit leur travail, dont tous les autres avoient befoin, fur le fruit du travail de ceux-là ; mais ils fe reverferont proportionnellement fur toutes les claffes, ce qui diminuera le travail de chacun de ceux qui les compofent, fans diminuer fon droit aux fruits de tout le travail, qui feront encore en même quantité. Et fi quelqu'objet de befoin manquoit, en tout ou en partie, ces hommes fuperflus fe porteroient vers le travail qui peut procurer cet objet, en augmentation des jouiffances pour la maffe des hommes.

Voilà certainement un état de chofes, dans lequel vos principes, fur l'utilité générale qu'apporte toute invention nouvelle qui abrege le travail, ſont inconteſtables. Mais, Monſieur, cet état ou eſt purement hypothétique, ou n'exiſte plus depuis long-temps, & nous ne le reverrons jamais. Dans nos conſtitutions actuelles, beaucoup d'hommes ont, ſur la maſſe des fruits du travail, des droits qui ne ſont plus leur miſe perſonnelle à cette maſſe : ce ſont des propriétés domaniales de terres, de rentes, de maiſons, de charges (j'entends celles qui n'ont aucune fonction utile aux hommes), tous privileges, en vertu deſquels leurs poſſeſſeurs prennent à la maſſe des fruits du travail, les uns plus, les autres moins, ſans y rien mettre abſolument. Après ceux-là viennent les états mixtes entre ces claſſes privilégiées & les claſſes laborieuſes ; tels ſont les charges, les commiſſions, les différents poſtes chargés de fonctions utiles à la ſociété, mais avec des émoluments (de quelque part qu'ils viennent) ſupérieurs à ce qu'il leur reviendroit, s'il y avoit égalité dans le partage des travaux & des fruits : je mets dans cette claſſe, les Entrepreneurs des Manufactures, de Commerce, &c. parce qu'on ne peut embraſſer ces états ſans avoir en propriété une richeſſe domaniale ; c'eſt-à-dire étrangere à l'individu, & qu'il y a encore trop de diſproportion entre leur droit ſur la maſſe du travail & leur miſe perſonnelle, ſoit que ce droit ſoit concédé par des privileges, ſoit qu'il naiſſe du peu de concurrence. Viennent enfin les claſſes purement

D iv

laborieufes, qui ont toujours leur droit primitif à la maffe du travail. Mais, en premier lieu, cette maffe eft diminuée en raifon de tous ceux qui n'y mettent rien ; enforte que, quand leur droit fractionnaire feroit le même, il leur apporteroit moins de jouiffance : en fecond lieu, ce droit eft moindre de tout le droit des privilégiés, qui eft, pour quelques-uns, plus grand que ne feroit le droit naturel de deux ou trois mille hommes pris enfemble.

Dans cet état, que le travail d'une des claffes laborieufes qui conftitue fon droit vienne à être encore réduit par une invention nouvelle, que deviendront les hommes furabondants dans cette claffe ? Nous avons vu que, dans l'état primitif, ils pouvoient facilement paffer dans la claffe où ils trouvoient le plus d'avantage, puifqu'il ne s'agiffoit que d'y porter leur induftrie perfonnelle ; & il réfultoit de-là, que la claffe même, dont le travail & par conféquent le droit à la maffe fe trouvoient diminués, y gagnoit, auffi bien que les au-autres, parce qu'elle fe réduifoit en nombre, autant qu'il le falloit pour profiter de cet avantage, qui devenoit commun à chacun des hommes. Il n'en eft pas de même aujourd'hui ; la barriere eft pofée entre ceux que le fort a réduits à la richeffe de leur travail, & ceux qu'on appelle *riches* dans l'acception commune. Les hommes furabondants dans un genre d'ouvrage, pafferont, en partie, dans d'autres claſſes laborieuſes , en augmentation du nombre d'hommes dont chacune eſt compoſée , & en diminution de leurs droits individuels , qui iront toujours décroiſſant juſqu'à la mendicité. Quelques uns chercheront à exciter de nouveaux beſoins chez les riches , & regagneront ainſi, mais d'une maniere toujours plus précaire & plus incertaine , le droit qu'ils ont perdu : ce qui ne peut qu'ajouter à la jouiſſance des riches , à commencer par ceux mêmes dont le droit étoit déja le plus déſordonné ; & ce qui ne fait qu'aggraver en même temps l'état de toutes les claſſes laborieuſes, qui font la plus grande partie des hommes (1).

Concluons donc , Monſieur, que, ſous le regne des propriétés domaniales , qui eſt bien différent de l'ordre de la nature , & qui a amené une ſi prodigieuſe inégalité parmi les hommes, l'humanité a

____

(1) On a répété mille fois , ſur-tout M. l'Abbé *Baudeau*, dans l'*Avis au Peuple* , que la plus grande richeſſe des Propriétaires eſt à l'avantage des claſſes laborieuſes , auxquelles ils font plus en état de donner des ſalaires repréſentatifs des denrées de ſubſiſtance. Je ne vois là qu'une petite difficulté ; c'eſt que ces Propriétaires ne donnent exactement rien , & qu'ils ne font qu'échanger les productions , qui font le fruit du travail de vingt hommes contre des objets qui font le fruit du travail de vingt autres , & dont ils jouiſſent excluſivement. Ainſi, plus ils ont de richeſſes , & par conſéquent de ſalaires à donner , & plus ils ont de droit pour jouir perſonnellement du travail des autres. Je défie qu'on y puiſſe voir autre choſe que cela.

plus à perdre qu'à gagner dans les inventions qui abregent le travail. Je crois qu'il n'y a rien de plus évident, du moins si l'on se persuade bien que l'humanité ne réside pas dans le plus petit nombre des hommes, mais dans le plus grand; & que la vie & la subsistance de ces derniers est préférable au luxe & aux fantaisies des premiers.

Vous me demandez, Monsieur, *ce que je crois que feroient les hommes qui travaillent aujourd'hui aux ouvrages les plus longs, dans le cas où leur travail deviendroit inutile.* Si vous avez voulu m'embarrasser par cette question, vous avez réussi au-delà de vos espérances; car je vous avoue que je n'y fais pas de réponse. Quand je vois tant de malheureux Journaliers qui se livrent sans relâche au travail le plus pénible, & supportent ainsi l'ardeur brûlante des plus longs jours de l'été, en gagnant à peine une chétive subsistance, je me persuade qu'ils se tourneroient vers un autre métier, ou plus doux, ou plus lucratif, s'il leur étoit possible : d'après cela, je suis fort en peine de dire le parti que pourroient prendre, ou ces Journaliers, ou d'autres Manouvriers, si on leur enlevoit la richesse de leur travail.

Vous m'assurez que, *quand on a inventé les Moulins, l'Imprimerie, les Bas au métier, &c. personne n'est mort pour cela; personne n'a déserté le Pays.* Qui vous a dit, Monsieur, que jamais aucun homme ne soit mort de faim & de misere, faute de trouver du travail ? En croirai-je une assertion si légere, dans un fait aussi intéressant pour l'humanité ? Combien d'hommes encore aujourd'hui, qui souffrent par la même raison ? combien même qui périroient malgré le travail le plus assidu, s'ils n'étoient pas secourus par quelques riches charitables ; & cela, parce que leur travail n'a point assez de valeur ! En outre, Monsieur, vous contentez-vous que des milliers d'hommes ne meurent pas de faim, pourvu qu'ils accroissent vos jouissances ? ne leur accordez-vous que la vie animale, qui leur est nécessaire pour fournir à tous vos besoins ?

Aucun n'a déserté le Pays; mais dans quels lieux habitables eussent-ils été, où ces inventions, meurtrieres pour eux, ne les eussent pas précédés ?

Quand les subsistances restent, dites-vous encore, *les hommes restent aussi, c'est l'anéantissement des subsistances qui les tue :* ce seroit un bien qu'on pût trouver des méthodes pour faire, en soufflant, les ouvrages les plus longs & les plus coûteux de l'Art, parce qu'il n'y auroit pas, pour cela, un grain de bled de moins dans nos greniers, pas une goutte de vin de manque dans nos celliers, pas une piece de bétail à redire dans nos étables, ni un poulet dans nos basse-cours.

De bonne foi, croyez-vous cet argument sans replique ? pour qui sont-ils, ces poulets, dans vos baffes-cours ? uniquement pour vous , ou de plus riches que vous : le malheureux Payfan ne mange pas même ceux qu'il nourrit ; & combien manquent de vin , de viande , d'habits ! combien ne vivent que de bled noir ! Vos celliers , vos greniers ont beau être remplis, vos denrées fe gâter & fe perdre ; en marchandez-vous moins fur le falaire de ces Ou-vriers ? en profitez-vous moins de la concurrence de ces hommes, qui fe préfentent en d'autant plus grand nombre pour chaque efpece d'ouvrage, que les inventions diverfes ont diminué le travail ? n'a-vez-vous pas la dureté de ne leur offrir, en échange des travaux les plus pénibles , qu'une demi-fub-fiftance , qu'ils font trop fouvent forcés d'accepter pour ne pas mourir de faim ?

En un mot, ces richeffes que vous poffédez , en raifon de vos différentes propriétés plus ou moins étendues , & que vous *ne donnez pas* , mais dont vous échangez les parties qui font fuperflues pour vous, contre les chofes qui vous manquent, quel droit peuvent y avoir les hommes qui n'ont de pro-priété & de richeffe que celle de leur perfonne ? Ce droit n'eft, & ne fera jamais , que le befoin que vous aurez de leurs travaux & de leurs fervices. Il faut donc, ou le leur laiffer, ou les condamner à la mifere. Jettez les yeux fur nos campagnes , & fur les dernieres claffes de nos villes, & vous verrez fi ce droit n'eft pas déja trop reftreint de beaucoup.

Vous dites, aſſez cavaliérement, que ces mal‑
heureux *s'induſtrieront d'une autre maniere pour ob‑*
tenir de vous leur ſubſiſtance, & que vous gagnerez en
jouiſſances le réſultat de leur induſtrie. Et oui, Mon‑
ſieur, je vois bien que vous gagnerez ſeul à cela.
Mais encore, quelle utilité réelle y a‑t‑il, pour
vous‑même, que vous ajoutiez à tous les objets de
néceſſité, de commodité & d'utilité, que vous avez
dans la plus grande abondance, des jouiſſances de
pure fantaiſie ? & quel déſordre que les trois quarts
des hommes ne puiſſent qu'à peine gagner leur pain,
lors même que le travail de chacun d'eux eſt vingt
fois plus grand qu'il ne le ſeroit dans un partage
égal, & qu'on veuille encore rendre leur état plus
pénible! *Ils s'induſtrieront*; & comment le grand
nombre de ceux qui ſont dans ce cas‑là aujourd'hui
s'induſtrie‑t‑il ? quelle foule de valets, de batte‑
leurs, & de gens qui dégradent leur être en ſe ren‑
dant les inſtruments paſſifs des vices, des paſſions,
ou des goûts les plus biſarres de la dédaigneuſe opu‑
lence! *Ils s'induſtrieront*! quelle philoſophie!

Mais faut‑il proſcrire, dans une Nation ſage‑
ment gouvernée, les machines qui ont été inventées
pour faciliter & diminuer le travail? faut‑il, de
propos délibéré, employer un grand nombre d'hon‑
mes, lors qu'un plus petit eſt ſuffiſant? Voilà bien
une conféquence à votre maniere. Non, Monſieur,
ce n'eſt aſſurément pas ce que je dis; ce ſeroit aller

directement contre mon objet ; car les autres Na‑
tions ayant adopté ces machines , au moyen def‑
quelles un homme peut faire ce qui en demande‑
roit dix chez nous , nos Ouvriers ne pourroient pas
foutenir la moindre concurrence (1) , & perdroient
toute la rihceffe qui confifte dans leur travail. Je
demande feulement , & ceci rentre dans notre pre‑
miere thèfe , que , cette richeffe étant déja trop di‑
minuée pour eux , on la leur laiffe au moins telle
qu'elle eft , & qu'on ne la leur ôte pas pour la donner
à l'étranger.

---

(1) M. de la Riviere fait à ce fujet un raifonnement qu'il
regarde comme péremptoire , & qu'il retourne de cent façons.
S'il étoit vrai, dit‑il, *que le travail induftriel ajoutât par lui‑*
même à la valeur des productions du fol, il s'en fuivroit qu'en
doublant le travail , on doubleroit la richeffe , qui , dans la chofe
fabriquée , eft le fruit du travail. J'admets fans peine cette con‑
féquence qui eft très jufte. *Quoi !* me répliquera‑t‑il , *fi l'on*
mettoit à préfent deux hommes à faire une chofe qui n'en exige
qu'un , cette chofe auroit d'autant plus de valeur? Eh non ! je
ne dis pas cette bêtife‑là. Ce que je dis , & qui eft fort diffé‑
rent , c'eft qu'un travail double , lorfqu'il eft demandé par
la nature des chofes , eft conftamment une double richeffe.

F I N.